Inhaltsverzeichnis

SELBSTVERTRAUEN
Selbstbewusst auftreten

Selbstliebe lernen – Selbstbewusstsein stärken

Von:

Martin Bruggler

Vorwort

Manchmal kommt man sich einfach wertlos vor.
Man möchte nicht raus gehen, nicht mit anderen
Menschen in Kontakt treten und einfach zuhause
bleiben.

Vermutlich hat wohl jeder diese Phasen in seinem
Leben, doch diese Stimmung ist für viele Menschen
alltäglich.
Menschen, die nicht wissen, dass sie mehr wert sind
und mehr können als sie vielleicht denken.
Menschen mit einem geringen Selbstbewusstsein und
einem zu niedrigen Selbstwertgefühl, mit zu wenig
Selbstvertrauen.

Für Personen, welche noch nie Probleme damit
hatten, auf andere Menschen zuzugehen, sich zu
widersetzen oder einfach einmal „Nein!" zu sagen,
mag dieses Problem möglichweise unverständlich
sein, doch für eine große Anzahl an Menschen auf
dieser Welt ist es das genaue Gegenteil.

Sie wissen sich nicht zu helfen, sie wissen nicht wie sie
ihren Zustand verbessern können um auch endlich aus

sich herauskommen zu können.

Das Leben ist viel zu kurz, um ständig Angst zu haben.

Angst vor der Beurteilung von anderen Menschen, vor Situationen, die womöglich niemals auftreten werden und die Angst davor, einfach zu machen, was man möchte

Ich nehme an, du bist einer derjenigen, die nicht mit Selbstbewusstsein gesegnet sind, sonst würdest du dieses Buch vermutlich nicht lesen.

Doch lass mich dir etwas sagen:

Selbstbewusstsein ist nicht angeboren, eine charismatische Ausstrahlung und ein starkes Auftreten ebenso wenig.

Es spielen so einige Faktoren eine Rolle, die dich bisher womöglich davon abgehalten haben, dich zu entfalten und aus dir herauszukommen.

Verliere nicht die Hoffnung. Auch du hast alles, was du benötigst, um dein Selbstbewusstsein aufzubauen und stetig zu steigern.

Alles was dir fehlt, ist ein Plan und diesen Plan erhältst du hier, in meinem Buch.

Ich erkläre dir alles über dein Selbstbewusstsein und deinen Selbstwert, gebe dir zu verstehen, dass du nicht schuld bist, dass dir das Selbstbewusstsein fehlt und helfe dir mit wirksamen, nachgewiesenen Methoden dein Leben zu verändern.

Aus persönlicher Erfahrung weiß ich, dass das Leben ohne Selbstbewusstsein keinen Spaß macht und dir nichts als Probleme bereitet.
Durch zahlreiche, auch persönliche Versuche habe ich Gründe und Wege gefunden, dieses Problem zu lösen.

Um dein Selbstbewusstsein zu steigern helfen nicht nur einfache Tipps & Tricks, vielmehr gilt es, das Problem an der Wurzel anzupacken und sich von dort aus bis nach oben zu arbeiten.

Genau diese Chance biete ich dir mit meinem Buch, ich bin mir sicher, es wird dich nicht enttäuschen.

Es hat bei mir geklappt, es wird auch bei dir funktionieren.
Zögere nicht und beginne jetzt.
Ich glaube an dich!

Was ist Selbstbewusstsein?

Aber was genau ist eigentlich Selbstbewusstsein?
Diesem Begriff wird heute wie früher unglaublich viel
Wert und Wichtigkeit zugesagt.

Jeder hat womöglich eine andere Vorstellung eines
ausgeprägten Selbstbewusstseins.

Für den einen ist es einfach auf eine Frau zuzugehen
und mit ihr zu reden, sie zu einem Tanz aufzufordern
oder ihr einen Drink auszugeben.
Für den anderen wiederum ist es, vor einer großen
Anzahl von Menschen zu stehen und locker einen
Vortrag zu halten und für wieder eine andere Person
ist es womöglich nur, einfach einmal „Nein!" sagen zu
können.

Es gibt also viele Vorstellungen, wie das
Selbstbewusstsein sein sollte.
Jedes Individuum hat Ängste und das
Selbstbewusstsein soll genau diese besiegen.
Doch diese verschiedenen Vorstellungen targetieren
nicht direkt das Selbstbewusstsein, sondern vielmehr
die Ziele, die mithilfe des Selbstbewusstseins erreicht
werden sollen.

Diese Ziele sind mit Sicherheit bei einer großen Anzahl von Menschen dieselben, dennoch ist letztendlich jedes dieser Ziele ein Individuelles.
Diese Ziele sind immens wichtig, denn diese Ziele entstehen durch Angst.
Eine innere Blockade, die uns von den Dingen abhält, die wir wirklich tun wollen.

Aber mal im Allgemeinen:
Wie definiert man Selbstbewusstsein?
Schließlich muss es außer den individuellen Zielen auch eine objektive Ansicht zu diesem Thema geben.

Betrachten wir doch zunächst das Wort „Selbstbewusstsein".
Es setzt sich aus zwei Worten zusammen, „Selbst" und „Bewusstsein".
Man könnte also sagen, das Selbstbewusstsein ist die Fähigkeit sich seiner Selbst bewusst zu werden.

Was bedeutet das nun? Man kann es eigentlich recht simpel zusammenfassen, vorerst müssen wir unser Selbst betrachten.
Aus was besteht unser Selbst?

Man kann es in verschiedene Eigenschaften
unterteilen.
Welche Stärken hast du, welche Schwächen hast du
oder welche Erfahrungen hast du?

Es gibt selbstverständlich noch unzählige weitere
Eigenschaften, welche das Selbstbewusstsein
beeinflussen, doch ich gehe hier auf diese drei Aspekte
ein:
Stärken, Schwächen und Erfahrungen.

Welche Stärken hast du?
Jeder einzelne Mensch auf dieser Welt hat Stärken,
also denke erst gar nicht daran, dass du keine hast.
Klar, bei manchen Personen sind diese eher sichtbar
als bei anderen, das liegt daran, dass es beispielsweise
physische Stärken sind oder diese Personen ihre
positiven Eigenschaften einfach mehr zur Schau
stellen als andere.

Natürlich kann es auch sein, dass die Stärke einer
Person darin liegt, Computerprogramme zu schreiben.
Es liegt auf der Hand, dass ein Bodybuilder schneller
auf seine Stärken hingewiesen wird als der
Programmierer, doch das bedeutet nicht, das der

Bodybuilder dem Programmierer überlegen ist und deshalb ein ausgeprägteres Selbstbewusstsein hat.

Umgekehrt gilt natürlich das gleiche.
Beide Individuen haben ihre Stärken, aber auch ihre Schwächen.
Bei dem einen ist die Stärke auf den ersten Blick sichtbar, bei dem anderen muss man etwas tiefer graben.

Dann gibt es natürlich auch die Art von Person, die ihre Stärken einfach noch nicht wirklich gefunden hat.
Natürlich ist auch das kein Problem - früher oder später findet jede Person etwas, das ihm/ihr wirklich liegt und am besten auch noch Spaß macht, doch was haben diese Stärken, Schwächen und Erfahrungen nun genau mit dem Selbstbewusstsein zu tun?

Wie gesagt, jeder Mensch hat seine Stärken.
Ein häufiges Problem vieler Menschen ist allerdings, dass sie sich dessen nicht bewusst sind.
Sie sehen hauptsächlich ihre Schwächen, fehlende Erfahrungen und stufen ihre Stärken und sich selbst rapide ab und das wiederum führt oft zu einem mangelnden Selbstwertgefühl oder Selbstbewusstsein,

doch zu diesen Ursachen des mangelnden Selbstbewusstseins kommen wir später noch.

Wenn du dir deiner Stärken allerdings bewusst bist, hast du mit höherer Wahrscheinlichkeit auch kein mangelndes Selbstbewusstsein.
Natürlich gibt es auch hier Ausnahmen, auf die ich in einem späteren Kapitel eingehen werde.
Selbstbewusstsein ist also die Fähigkeit, sich seiner Selbst bewusst zu sein.

Das bedeutet zusammengefasst, man kennt und versteht seine Stärken, Schwächen und Erfahrungen.

Ursachen von geringem Selbstvertrauen / Selbstbewusstsein

Woher kommt es, dass sich manche Menschen ihrer Stärken bewusst sind, manche diese aber überhaupt nicht realisieren?
Oft sind es sogar genau die gleichen Eigenschaften, die diese Personen verbinden.

Auch dieses Phänomen, das Nicht-Erkennen der Stärken, dafür jedoch Überbewerten der Schwächen, hat eine Ursache.
Doch woher kommt diese Ursache? Nun, die Antwort auf diese Frage ist nicht pauschal zu finden.

Es gibt nicht den einen Grund für ein schwaches Selbstwertgefühl, letztendlich spielen zahlreiche Faktoren eine Rolle.
Oft liegen die verschiedenen Ursachen jedoch in der Kindheit.
Um das zu erklären gilt es vorerst, sich mit den Begriffen Bewusstsein und Unterbewusstsein bekannt zu machen, denn diese sind meist die verantwortlichen Verursacher hinter mentalen Krankheiten wie Depressionen, Angststörungen und

natürlich des mangelnden Selbstwertgefühles.

Vielleicht hast du diese Begriffe ja bereits gehört.
Sicher kommen sie vielen Menschen bekannt vor, aber
wirklich erklären wo der Unterschied zwischen
Bewusstsein und Unterbewusstsein liegt, können sie
dann doch eher nicht.

Die Theorie dieser beiden Bewusstseinsebenen
beschreibt die verschiedenen Wahrnehmungen.
Wie du dir vielleicht bereits denken kannst, ist uns das
Bewusstsein bewusst und das Unterbewusstsein
unbewusst.

Was heißt das?
Im Prinzip ist auch das recht einfach zu erklären.
Der Mensch kann jederzeit auf sein Bewusstsein
zugreifen. Das sind die verschiedenen Erinnerungen,
Gedanken oder Überlegungen, die wir tagtäglich
haben.

Im Gegensatz dazu können wir auf das
Unterbewusstsein nicht so einfach zugreifen. Im
Unterbewusstsein finden sich unendlich viele
Erinnerungen und Gedanken, die wir in unserem

Leben erlebt haben, auch wenn du dich gerade nicht an sie erinnern kannst.

Man kann auf diese Bewusstseinsebene also nicht einfach zurückgreifen, wie bei dem Bewusstsein.
Man kann nicht einfach überlegen und sich anstrengen, um sich an eine bestimmte Sache wieder zu erinnern, allerdings gibt es auch hier verschiedene Methoden, um auf das Unterbewusstsein zuzugreifen.

Eine wichtige Methode, um diesen Zugang zu erlangen, ist der Schlaf.
Nicht durch den Schlaf selbst, viel mehr durch unsere Träume.
Vielleicht hattest du auch einmal einen Traum, der dich verwirrt hat, weil bestimmte Elemente deines Lebens in diesem Traum blind zusammengewürfelt wurden.
Für dich ergibt dieser Traum keinen Sinn, weil du nur auf das Wissen deines Bewusstseins zugreifen kannst.
In diesem Traum spielte allerdings dein Unterbewusstsein eine Rolle.

Du allein wirst vermutlich nicht die Antworten auf diesen Traum finden.

Hierbei sind Psychotherapeuten und Psychiater zu empfehlen die sich mit der Traumanalyse vertraut gemacht haben.
Dieses Thema ist allerdings sehr komplex und ich möchte es deshalb nur grob anschneiden.

Wenn dich dieses Thema interessiert, recherchiere gerne weiter, es gibt einige gute Bücher zu diesem Thema.

Doch zurück zum eigentlichen Thema.
Was hat jetzt das Unterbewusstsein mit dem Selbstvertrauen zu tun?
Hier kommen wir zurück zur Kindheit eines jeden Menschen.

Jede Person hat verschiedene Erfahrungen durchlebt, die diese prägen.
Diese Erfahrungen können gut oder schlecht sein, liebevoll oder schmerzlich oder eben traumatisierend oder nicht.

An manche Erlebnisse erinnern wir uns gerne zurück, an andere möchten wir am liebsten nie mehr denken müssen.

Ich denke, das geht jedem Menschen so.

Früher oder später erlebt wohl ein jeder Mensch
Dinge, die er als negativ aufnimmt.
Sei es eine strenge Ankündigung des Chefs, eine
Beichte des Partners oder ein Streit mit einem Freund.

All die Gedanken, Gespräche und vor allem die
negativen, traurigen oder wütenden Emotionen
werden von unserem Unterbewusstsein gespeichert.
Dieser Prozess gilt heute im Erwachsenen-Alter, wie
auch damals im Kindesalter.

Der Unterschied zwischen diesen beiden Altersstufen
ist jedoch immens wichtig.
Als erwachsener Mensch ist man geistig in der Lage,
logisch zu denken und zu beurteilen.
Als Kind ist das Gegenteil der Fall.

Was will ich damit sagen?
Wenn wir morgen ins Büro gehen, keine schlechten
Erwartungen haben und am gestrigen Tag all unsere
Aufgaben ordnungsgemäß erledigt haben, erwarten
wir selbstverständlich keine Mahnung oder
Standpauke des Chefs - und doch kommt diese genau

in diesem Moment der Unwissenheit.

Unser Chef beschuldigt uns verschiedener Dinge wegen, von denen wir überhaupt nichts wissen und auch nichts damit zu tun haben.
Wir wissen natürlich, dass wir in Wahrheit keine Schuld tragen, allerdings widersprechen wir nicht, weil wir wissen, dass unser Chef womöglich einfach einen schlechten Tag hat, ob geschäftlich oder persönlich spielt hierbei keine Rolle.

Wir wissen, dass unser Chef auch nur ein Mensch ist. Auf der anderen Seite wissen wir aber auch, dass wir keine Schuld tragen und den Beschuldigungen des Chefs nicht gerecht werden.
Wir können logisch beurteilen, was wir gemacht haben und was nicht, ob wir einen Fehler gemacht haben oder nicht, ob unser Chef wegen uns sauer ist oder nicht.

Doch was genau will ich mit diesem Beispiel genau erklären?
Lass es mich vorerst noch mit einem anderen Beispiel versuchen.

Ich bin mir sicher, dass du dir danach vorstellen
kannst, was ich dir zu erklären versuche.

Falsche Beschuldigungen musste wohl jeder bereits
einmal hinnehmen, ob Erwachsener oder Kind.
Der Unterschied hierbei ist jedoch die Beurteilung
dieser Beschuldigung.
Wie bereits erwähnt, ist eine erwachsene Person, dank
logischer Denkweise, in der Lage zu erkennen, dass
diese falsche Beschuldigung des Chefs nicht ihr Fehler
war, sondern womöglich der Stimmung des Chefs oder
einer Verwechslung geschuldet war.

Wenn wir nun diese Situation bei einem Kind
betrachten, sieht die ganze Sache deutlich anders aus.
Ein Kind kann wegen seiner mangelnden
Lebenserfahrung die meisten verschiedensten Abläufe
des Lebens nicht in logischer Form beurteilen und
betrachten.

Natürlich ist hier meistens kein Chef derjenige, der
den Kindern zusetzt, sondern meist die Eltern, ein
Lehrer oder eine andere Autoritätsperson.
Wenn es nun also zu einer Situation kommt, in dem
diese Autoritätsperson das Kind eines bestimmten

Vergehens oder einer bestimmten Sache beschuldigt, die es in Wahrheit nicht getan hat, wird sich das Kind trotzdem schlecht fühlen.

Es wird vermutlich nicht verstehen, was es falsch gemacht hat und wieso es ermahnt wird.
Noch schlimmer: Es wird mit hoher Wahrscheinlichkeit Angst davor haben, bestimmte Dinge in Angriff zu nehmen, um einer erneuten Beschuldigung und Rechtweisung zu entgehen.

Aus dieser Angst entsteht häufig eine Abstufung des Selbstwertgefühls und auch des selbstbewussten Verhaltens und Auftretens.
Auch wenn das Kind mit Zunahme des Alters realisiert, dass es an all den Sachen überhaupt keine Schuld trug, wird diese Angst und diese negativen Emotionen in seinem Unterbewusstsein gespeichert bleiben.

Das bedeutet, auch wenn es diese Angst im späteren Leben nicht mehr wirklich realisiert oder sich an sie erinnert, beeinflusst sie sein Handeln doch immens.

Um also die Ursachen mangelnden Selbstbewusstseins zu erkennen, ist es meist unumgänglich, die Kindheit dieser Person zu betrachten.
Natürlich sind nicht nur falsche Beschuldigungen der Auslöser für eine Beeinflussung des Unterbewusstseins.

Es gibt einige typische Gründe, welche häufig vorkommen und vielleicht auch auf dich oder eine bekannte Person zutreffen könnten.
Wie sagt man so schön: „Kinder können grausam sein" - und das trifft zu, sieht man sich nur einmal die Statistiken über Mobbing an Grund- und vor allem weiterführenden Schulen an.

Mobbing, also regelmäßige Demütigung und Angriff des Kindes können langfristig schwerwiegende Folgen auf die betroffene Person haben.
Im Kindes- und Jugendalter werden Mitmenschen oft aufgrund eines anderen Aussehens oder einer körperlichen oder psychischen Beeinträchtigung gemobbt.

Den Kindern ist meist überhaupt nicht klar, was sie
dem Betroffenen damit antun können.
Der Betroffene fühlt sich selbstverständlich
ausgegrenzt und auf die bestimmten Eigenschaften
oder sein Aussehen reduziert.
Der Selbsthass und die negative Einschätzung seiner
Selbst manifestieren sich in seinem Unterbewusstsein.

Oft bekommen diese betroffenen Personen diese
Erfahrungen nicht mehr ohne ärztliche Hilfe aus dem
Kopf oder in den Griff.

Weitere Gründe für ein vermindertes Selbstwertgefühl
sind beispielsweise auch sexueller, körperlicher oder
emotionaler Missbrauch durch die Eltern.
Auch ein extrem überhöhter und überzogener
Erwartungsgrad der Eltern beeinflusst das Kind
enorm.
Wenn ein Kind trotz guter Leistungen in der Schule
stets mit unzufriedenen Elternteilen konfrontiert wird,
wird es sich in seinem Kopf eine Leistungsgrenze
aufbauen die wahrscheinlich niemals zu erreichen ist.
Menschen, die solch eine Art von Eltern hatten, tun oft
alles, um erfolgreich zu werden.

Natürlich möchte ich hier nichts verallgemeinern, sondern typische Beispiele dieses Aspektes abbilden.
Andere Gründe sind zum Beispiel jegliche Art von Diskriminierung, Ausgrenzung oder Benachteiligung.

Auch eine emotionale Vernachlässigung der Eltern sorgt bei Menschen oft für eine Abstufung des Selbstwertgefühles.
Bei all diesen negativen Erfahrungen des Menschen bildet er sich bewusst und unterbewusst eine Meinung von sich selbst.

Ist die Mehrzahl der Erfahrungen gut, wird diese Person mit hoher Wahrscheinlichkeit auch ein positives Selbstbild von sich haben, was wiederum ein gutes, ausgeprägtes Selbstbewusstsein und Selbstvertrauen mit sich bringt.
Das Gegenteil geschieht natürlich, wenn der Mensch hauptsächlich mit negativen Erfahrungen zu tun hatte.

Umso negativer seine kindlichen Erfahrungen waren, umso negativer ist wahrscheinlich seine persönliche Meinung von sich selbst.

Besseres Selbstbewusstsein durch positives Selbstbild

Es gibt viele verschiedene Zitate, die auf der Welt kursieren, doch eines sticht meiner Meinung nach immer sofort heraus:

„Sei du selbst die Veränderung, die du dir wünschst für diese Welt."

Dieses Zitat stammt von Mahatma Gandhi.
Du fragst dich jetzt sicherlich, was Gandhi mit deinem Selbstbewusstsein zu hat.
Lese dir das Zitat noch einmal in Ruhe durch, mache dir deine Gedanken dazu und überlege dir, wie es in Zusammenhang mit deiner persönlichen Lage stehen könnte.

Ich denke, du konntest bereits eine Verbindung finden.
Lass es mich dir noch einmal mit einem anderen Zitat erleichtern:

„Du kannst nicht die Welt verändern, wenn du dich nicht selbst veränderst."

Was meine ich jetzt damit?
Im letzten Kapitel habe ich bereits darüber
gesprochen, dass uns unsere Erfahrungen im
Kindesalter prägen.
Negative Erfahrungen ziehen ein negatives Selbstbild
nach sich, positive Erfahrungen ziehen wiederum ein
positives Selbstbild nach sich.

Du musst natürlich nicht unbedingt die Welt
verändern, nur um dich vorher selbst ändern zu
können, doch auch Freundschaften, Beziehungen oder
andere soziale Beteiligungen sind auf langfristiger
Basis schlicht und ergreifend nicht möglich, wenn du
mit dir selbst nicht klarkommst.

Mache dir stets bewusst, dass du letztendlich nur dich
selbst hast.
Auch wenn diese Worte hart und unsensibel klingen
mögen, sind sie doch wahrer als man denken mag.

Der erste Schritt, um ein starkes und unzerstörbares
Selbstbewusstsein aufzubauen, ist also die
Veränderung des eigenen Selbstbildes.

Um zu verstehen was das Selbstbild eigentlich ist, gilt es erneut einen Schritt zurück in die Kindheit zu machen.

Wie auch das Selbstwertgefühl, wird unser Selbstbild in den ersten Jahren unseres Lebens stark beeinflusst. Da wir, wie gesagt, noch keine eigenen Erfahrungen haben und keine logische Beurteilung der Tatsachen treffen können, nehmen wir die Meinung unserer Umgebung an.
Die Meinung über andere Menschen, über bestimmte Themen, aber vor allem über uns selbst.

Unsere Eltern, Lehrer, Sporttrainer oder Freunde sagen uns zu Beginn unseres Lebens wer und wie wir sind und wir nehmen ihnen das ab.
Da wir uns selbst noch nicht wirklich kennen, haben wir keine andere Meinung, um die Beurteilung der Umgebung in Frage zu stellen. Dieses Selbstbild hält sich meist bis in das junge oder auch spätere Erwachsenenalter.

Wann oder ob es sich ändert, hängt allein von der individuellen Person ab.

Man könnte also sagen unser persönliches Selbstbild ist nur eine Meinung von anderen Menschen, eine Illusion oder gar eine Lüge.

Auch ein Löwe, der unter Hunden aufwächst, wird sich verhalten und fühlen wie ein Hund, wenn er nicht selbst eines Tages herausfindet, dass er ein Löwe ist.

Dieses Selbstbild entspricht nicht der Person, die wir eigentlich sind.

Denn dich, als persönliche und echte Person, kann kein anderer Mensch bestimmten. Du allein bist dafür verantwortlich, dich kennen zu lernen und dir ein eigenes Selbstbild von dir zu machen, schließlich ist es letztendlich deine Intention, dich oder dein Selbstbewusstsein zu verändern.

Dein Selbstbild entsteht weiterhin aus verschiedenen Bereichen, die zusammengesetzt dein Selbstbild ergeben.

Zu diesen Bereichen zählen unter anderem deine Interessen, dein Beruf, dein Besitz und deine Beziehungen.

Auch deine Bildung, dein physisches Aussehen und deine Talente und Kenntnisse spielen eine entscheidende Rolle.

Wenn du soweit bist und dir dein eigenes, persönliches Selbstbild gemacht hast, wird es garantiert vorkommen, dass sich deine eigene Meinung und die Meinung und Sichtweise nebenstehender Personen differenziert, denn schließlich sieht dich jeder deiner Mitmenschen aus einer anderen, subjektiven Perspektive und das ist auch ganz normal.

Du hast dir ein eigenes Bild von dir selbst gemacht und deine eigene Meinung von dir selbst erschaffen. Du allein bist Herr über dich. Kein anderer sollte deine Meinung über dein persönliches Selbstbild beeinflussen können, es sei denn, du möchtest das.

Vielleicht fragst du dich, wann es denn sinnvoll wäre, dieses Selbstbild beeinflussen zu lassen?
Obwohl nur du allein dir dein eigenes Selbstbild und deine Meinung über dich machen sollst, heißt das nicht, dass du keine Ratschläge annehmen sollst oder auf Tipps hören solltest, schließlich ist keiner von uns allwissend oder perfekt.

Das soll keineswegs ein Angriff auf dich sein, sondern nur ein guter Ratschlag, denn wo ein starkes Selbstbewusstsein entsteht, ist ein aufgeblasenes Ego oft nicht weit.
Auch ein gesundes Ego hat seine positiven Effekte, gerade wenn es darum geht, dein Selbstbewusstsein aufzubauen.
Doch zum Thema Ego und Selbstbewusstsein kannst du noch in einem späteren Kapitel mehr lesen.

Vorerst gilt es unser Selbstbild zu verbessern.
Doch wie gehe ich diesen Prozess am besten an?
Hast du schon einmal vom ‚Law of Attraction' gehört?
Im deutschsprachigen Raum ist es größtenteils als das Gesetz der Anziehung bekannt.

Dieses Gesetz der Anziehung kann eine entscheidende Methode sein unser persönliches Selbstbild von Grund auf zu verändern.
Ob diese Veränderung positiv oder negativ ist, liegt ganz an dir.
Im Allgemeinen lässt sich das ‚Law of Attraction' in einem kurzen und simplen Satz zusammenfassen:
„Gleiches zieht Gleiches an.".

Etwas spezifischer ausgedrückt sagt uns dieses Gesetz, dass bestimmte Gedanken diese bestimmte Sache anziehen.

Um es in einem Beispiel auszudrücken:
Positive Gedanken ziehen positive Energie nach sich, negative Gedanken bringen wiederum negative Energie mit sich.
Was ist mit Energie gemeint?
Energie kannst du in diesem Beispiel als Metapher oder Vergleich für eine schlechte, angespannte und gereizte Stimmung oder eine glückliche, ausgelassene und entspannte Atmosphäre sehen.

Negative Gedanken können auf Dauer außerdem in ernsthaften, mentalen Krankheiten enden wie zum Beispiel Depressionen, Angststörungen oder ähnlichen Diagnosen.

Dieses Gesetz der Anziehung mag auf den ersten Blick eventuell etwas unseriös oder vielleicht sogar esoterisch klingen, doch es ist treffender und wahrhaftiger als man denken mag.
Wenn du den ganzen Tag negative Gedanken in deinem Kopf hast, wie „Ich schaffe das sowieso nicht",

„Was soll bloß aus mir werden" oder „Ich bin einfach nicht dafür gemacht", ist es selbstverständlich kein Wunder, dass du abends mit schlechter Laune zu Bett gehst und wenn du mit einer negativen Grundeinstellung wieder aufwachst, liegt es auf der Hand, dass du schlecht gelaunt in den Tag starten wirst.

Dieser ganze Prozess kann schnell zu einer Art Teufelskreis werden, aus dem man oft nur schwer wieder entkommen kann.
Hat sich dein Kopf nämlich erst einmal an diese regelmäßigen, negativen Gedanken gewöhnt, entsteht schnell eine Depression oder Angststörung daraus. Deshalb gilt es für dich, diese Gedanken auf jeden Fall zu vermeiden.

Anstatt regelmäßig negative Gedanken in deinem Kopf zu behalten und Dinge zu überdenken, die überhaupt nicht realistisch sind, konzentriere dich lieber auf das Gegenteil.
Denke an gute, schöne und positive Dinge.
Wiederhole bestimmte Phrasen immer wieder in deinem Kopf.

Das können Passagen sein wie „Ich schaffe das", „Ich werde jeden Tag besser" oder „Heute wird mein Tag".

Falls dein Selbstbewusstsein bisher nicht allzu stark ausgeprägt ist mögen diese Phrasen anfangs möglicherweise noch etwas seltsam und unglaubwürdig für dich klingen, doch gib dieser Idee eine Chance, denn falls das Prinzip mit einer negativen Haltung und Gedanken funktioniert, liegt es auf der Hand, dass es bei einer positiven Haltung genau so funktioniert.

Nach einigen Tagen, Wochen oder Monaten wirst du merken, wie sich deine Stimmung grundlegend verändert.
Du hast keine negativen Gedanken mehr in deinem Kopf, die dir ständig einreden, dass du etwas nicht kannst oder dass sowieso alles negativ ist.
Das Gegenteil wird der Fall sein.

Was hat das jetzt mit deinem persönlichen Selbstbild oder vor allem mit einer Steigerung deines Selbstbewusstseins zu tun?
Wenn du ständig eine schlechte Meinung von dir selbst hast, wirst du dir auch automatisch nicht

zutrauen, etwas Neues zu beginnen oder eine Sache zu tun, die du schon immer tun wolltest.

Du solltest also anfangen positiv zu denken, um auch dich, dein Selbstbild und damit wiederum dein Selbstbewusstsein zu verbessern.

Das ist der erste Schritt deiner Reise.
Setze ihn um und behalte ihn in Erinnerung.
Du kannst und bist mehr als du dir vielleicht zugestehst.

Sich selbst lieben und an sich glauben

Um große Dinge oder Veränderungen in deinem
Leben zu erreichen, musst du zuerst an dich selbst
glauben.

Auch wenn es möglicherweise klischeehaft klingen
mag, ist es dennoch wahr.

Ohne eine persönliche Wertschätzung deiner eigenen
Fähigkeiten wirst du mental nicht in der Lage sein,
auch nur irgendeine fordernde Leistung zu
vollbringen.

Wie sollst du schließlich eine Mathematikprüfung
bestehen, wenn du dir täglich einredest, dass du
überhaupt kein Mathe kannst und es nicht verstehst -
und das aus voller Überzeugung?!

Selbst wenn du jetzt die Fähigkeiten hättest, diesen
Test mit links zu bestehen, würdest du
höchstwahrscheinlich dennoch durchfallen.

Wieso?

Weil dein Kopf sich darauf eingestellt hat, in diesem
Test zu versagen.

Durch negative Gedanken und Selbstmanipulation
hast du deine eigenen, persönlich erlernten
Fähigkeiten außer Kraft gesetzt.

Deshalb ist es essenziell, zuerst dein negatives Selbstbild zu verändern und deinen Glauben an dich zu stärken.

Außerdem musst du in der Lage sein, deine Fähigkeiten beurteilen zu können und 100% auf diese zu vertrauen.
Auch wenn das in der Theorie immer recht einfach klingt, kann ich natürlich nachvollziehen, dass die Praxis sich deutlich schwieriger gestalten lässt.

Es ist nicht immer einfach, an sich selbst zu glauben. Viele Zweifel entstehen, viele Ängste und das ständige Fragen nach der eigenen Tauglichkeit, doch ich bin mir sicher, du kannst das.

Wenn es Millionen Menschen vor dir bereits erfolgreich geschafft haben, ein stabiles und festes Selbstvertrauen aufzubauen, schaffst du das auch, gar keine Frage.
Um dir diesen praktischen Weg etwas leichter zu gestalten und um dir etwas auf die Sprünge zu helfen, möchte ich dir hier ein paar nützliche Tipps auf den Weg mitgeben.

Aller Anfang ist schwer - egal ob es nun um Sport, eine Diät oder das Lernen für eine Klausur geht, der schwierigste Punkt dieses Prozesses ist immer der Beginn.
Man muss es erst einmal schaffen, sich aufraffen zu können und mit der Arbeit zu beginnen.

Oft scheinen plötzlich alle Dinge in deinem Zimmer, der Bibliothek oder dem Büro unglaublich interessant zu sein.
Ich bin mir sicher du kennst dieses Gefühl.
Dieses Gefühl, nicht motiviert zu sein, ist menschlich und normal, doch das heißt noch lange nicht, dass du dich diesem Gefühl fügen sollst.

Im Gegenteil:
Jetzt gilt es erst recht, dieser Emotion den Kampf anzusagen und zu zeigen, wer wirklich entscheidet - und das bist allein DU!
Um nun diese Demotivation zu umgehen hilft nur eins:
Einfach anfangen!
Wenn du erst einmal angefangen hast, wirst du nach und nach Fortschritte und Erfolge vorzeigen können.

Ist dieser erste Stolperstein erst einmal überwunden,
erledigt sich die ganze Arbeit meist wie von selbst.
Das gleiche gilt auch für die Veränderung deiner
Selbst.
Wie kannst du dich verändern, wenn du einfach so
weitermachst wie bisher?
Richtig, überhaupt nicht. Eine Art Neuanfang muss
her!

Nein, du benötigst keinen neuen Namen oder neuen
Pass.
Vielmehr meine ich damit einen symbolischen
Neuanfang.
Beginne damit, mit dir als dem bisherigen Menschen
abzuschließen und blicke nach vorne.
Was waren früher deine täglichen Ziele?
Was hast du den ganzen Tag gemacht?
Wie hast du dich gefühlt, wie gekleidet und mit
welchen Leuten bist du verkehrt?

All diesen Fragen, und vielen mehr, solltest du dich
stellen, um einen Neubeginn zu wagen, denn wenn du
trotzdem jeden Tag mit den gleichen Personen
verkehrst, die dich demütigen, herunter machen oder
dir einfach ein schlechtes Gefühl geben, wird es dir

viel schwerer fallen, dich zu verändern und vor allem ein Selbstwertgefühl und dein Selbstbewusstsein aufzubauen.

Deshalb rate ich dir:
Erfinde dich neu!
Schaffe dir neue Klamotten an, in denen du dich wohl fühlst, suche dir Freunde oder Bekannte, die dich verstehen und gleichgesinnt sind oder probiere ein neues Hobby, eine Sportart oder etwas anderes aus, was du schon immer einmal tun wolltest.

Glaub mir, allein durch diesen Startschuss wirst du genug Motivation haben, genau dort auch weiterzumachen.
Du wirst einen Hauch von Freiheit verspüren, ein Gefühl, dass man nur dann erlebt, wenn man sich von all seinen Ängsten frei gemacht hat und endlich leben kann.
Womöglich wirst du ein Stück dieses Gefühls bereits jetzt verspüren können.
Falls nicht, verliere nicht die Hoffnung.

Alles, was sich lohnt zu haben, braucht Zeit und Geduld und wenn es ein solches Glücksgefühl nicht wert ist, Geduld zu haben, was ist es dann?

Ich kann dir nur raten, am Ball zu bleiben und weiterzumachen, es wird sich definitiv lohnen.

Ein weiterer Punkt, den viele Menschen nur allzu oft vernachlässigen, ist eine gewisse Konsequenz.

Ein selbstbewusster Mensch mit genug Selbstvertrauen, der von sich selbst überzeugt ist, sagt auch mal „Nein!", wenn es sein muss.

Ob in der Arbeit, zu Hause oder unter Freunden und Bekannten, es herrscht meist eine einseitige Meinung, das bedeutet aber ganz und gar nicht, dass auch alle dieser Meinung sind.

Obwohl alle der Meinung zustimmen, denken sie sich insgeheim genau das Gegenteil.

Wieso ist das so?

Du weißt sicher was Gruppenzwang bedeutet.

Wenn 100 Leute für „Ja" stimmen, würdest du bestimmt nicht auf die Idee kommen, dass „Nein" die richtige Antwort sein könnte, auch wenn sie es ist. Oft resultiert die Teilnahme an diesem Gruppenzwang aus einem verminderten Selbstbewusstsein.

Wenn du von dir selbst, deiner Meinung und deiner Fähigkeit, Dinge beurteilen zu können, nicht überzeugt bist, wie sollst du dann als einzelner gegen hunderte bestehen?

Doch wieso erzähle ich dir hier schon wieder alles in Beispielen? Weil du es so am besten verstehen und dich selbst motivieren kannst.

Dein Ziel ist es also, „Nein" sagen zu können, bzw. für deine eigene Meinung einzustehen.

Ein selbstbewusster Mensch steht auch dann zu seiner Meinung, wenn Tausende gegen ihn sind und zwar aus dem Grund, weil er selbst 100%ig auf sich und seine Fähigkeiten vertraut.

Bevor du also bei deinem nächsten Gruppentreffen, Meeting oder einfach nur in einer Unterhaltung irgendeiner Sache zustimmst, denke vorher einmal nach und überlege dir, ob du dieser Sache wirklich zustimmen würdest.

Du wirst womöglich abwertende Blicke, einige Diskussionen und Unverständnis über dich ergehen lassen, doch keine Angst.

Sei dir stets folgender Sache bewusst:

Du stehst für deine Werte ein!

Du weißt genau, wieso du so denkst und warum es so richtig ist.

Du stehst für deine Meinung ein, während all die Menschen, die dich abwerten möchten, immer noch mit dem Strom schwimmen.

Sie haben einfach nicht den Mut, das zu tun, was du tust.

Wenn du dir diese Grundsätze verinnerlicht hast und fest davon überzeugt bist, wird dich nichts mehr erschüttern und kein hämisches Lachen, kein abtrünniger Blick und keine Diskussion wird dir mehr ein Gefühl von Angst eintrichtern können.

Trotz dieses wichtigen Ratschlages solltest du keinen Menschen von oben herab behandeln, denn das hat nichts mit Selbstbewusstsein zu tun, sondern ist reines Ego.

Respektiere jede Meinung, höre den Menschen zu und bilde dir dann selbst deine Meinung.

Du allein entscheidest für dich.

Du allein musst dich mögen und mit dir klarkommen.

Denn wenn keiner mehr da ist, hast du immer noch
dich!

Respektiert und ernst genommen werden

Ich denke, die meisten Menschen hatten schon einmal
ein Problem dieser Art.
Vor allem junge Menschen müssen häufig mit dieser
Form der Demütigung leben, der Demütigung, nicht
respektiert oder ernst genommen zu werden.
Dies kann aus verschiedensten Gründen der Fall sein.

Ein niedrigerer Rang, fehlendes Wissen oder fehlende
Erfahrung werden oft als Ausrede für Respektlosigkeit
genutzt. Vor allem Autoritätspersonen wie die Lehrer,
der Chef oder der Trainer in einem Sportverein nutzen
diese gerne aus.

Wahrscheinlich hast du es bisher einfach über dich
ergehen lassen und danach einfach weitergemacht.
Daran ist auch in einigen Situation und Lebenslagen
nichts auszusetzen, allerdings muss dir klar sein, dass
du ohne Gegenwehr niemals Respekt erfahren wirst.
Meist wird es sogar noch schlimmer und intensiver.

Das Ganze grenzt fast an Mobbing.

Wenn du dir dieses Buch gekauft und bis hierher gelesen hast, gehe ich davon aus, dass du Probleme mit dir und deinem Selbstbewusstsein hast.
Wenn das der Fall ist, solltest du in jedem Fall etwas gegen Respektlosigkeit unternehmen, egal von welcher Seite sie auch auf dich einschlagen mag.

Du wirst dir damit anfangs wahrscheinlich keine Freunde, sondern sogar Feinde machen, doch das ist es wert.
Ich sage es dir noch einmal, nichts ist besser als das Gefühl dieser Art von Freiheit.
Wenn du dieses Gefühl erst einmal kennst, alles tun und lassen zu können, ohne dich zu schämen, wird dir so gut wie kein Opfer zu groß sein.

Doch wie bekomme ich das hin?
Im letzten Kapitel habe ich bereits einen wichtigen Grundsatz niedergeschrieben, welcher auch sehr gut in dieses Kapitel passen würde.
Das konsequente „Nein" sagen.

Setze dich und deine Meinung durch und stehe für
dich selbst ein - dies ist einer der wichtigsten Punkte,
wenn es darum geht, Respekt zu erlangen!

Doch das reicht noch nicht, um ernst genommen und
vor allem respektiert zu werden.
Wenn du dich in einer Diskussion oder einer
Auseinandersetzung befindest, lasse dich ruhig darauf
ein.
Höre dir genau an, was dein Gegenüber dir zu sagen
hat und gehe es im Kopf durch. Bevor du antwortest,
nimm dir deine Zeit und überlege wie du ohne äußere
Einflüsse zu diesem Thema stehst.

Wenn du dir deine eigene Meinung gebildet hast, sage
diese deutlich.
Drücke dich klar und mit einer stabilen und festen
Stimme aus.
Dein Gegenüber muss sehen können, dass du bis zum
letzten Punkt von deiner Meinung überzeugt bist.

Doch mein wahrscheinlich wichtigster Ratschlag
lautet hier:
Lasse dich niemals emotional auf eine Diskussion oder
eine Auseinandersetzung ein.

Das kann nur zu Problemen und einer Eskalation führen und nimmt dir deine Glaubwürdigkeit, schließlich geht es für dich darum, zu zeigen, dass du von deiner Meinung überzeugt bist.

Eine Person, die bei der kleinsten Kritik ausflippt und womöglich ausfallend oder handgreiflich wird, sieht auf den ersten Blick nicht nach einer seriösen, charismatischen und respektablen Person aus.

Da du von deiner Meinung und von dir selbst zu 100% überzeugt bist, musst du keine Kritik fürchten, du wünschst sie dir sogar.
Denn eine Kritik kannst du immer mit einer logischen und sinnvollen Antwort widerlegen.
Sieh das also als eine Übung für dich selbst, in der du deine Glaubwürdigkeit immer weiter ausbauen kannst.

Ein weiterer essenzieller Punkt ist dein Auftreten.
Du solltest wissen, wie du dich zu bestimmten Anlässen kleiden solltest.
Natürlich sollst du dich in deinen Klamotten wohlfühlen, doch es fällt leichter, respektiert zu werden, wenn du seriöse Kleidung trägst anstatt eines

Micky-Mouse T-Shirts.
Vor allem für erwachsene Personen ist dieser Punkt
nicht zu unterschätzen und kann sich als sehr
nützliches Mittel erweisen.

Auch deine Haltung und deine Körpersprache sind
äußerst wichtige Faktoren für ein selbstbewusstes und
respektables Auftreten.
Doch dazu findest du im folgenden Kapitel mehr.

Auch wenn ich gesagt habe, du sollst dir deine Zeit
nehmen, um über das Gesagte deines Gegenübers
nachzudenken, solltest du nicht eine Minute
benötigen, um zu antworten.
Um es genauer auszudrücken:
Zögern wirkt nicht selbstbewusst!
Wie bereits erwähnt, sollte es dein Ziel sein, deine
Meinung 100%ig zu vertreten und zu ihr zu stehen,
komme was wolle, wenn du allerdings nicht weißt was
du auf eine kritische Frage zu deiner Meinung
antworten sollst, könnte das deinem Gesprächspartner
zeigen, dass du möglicherweise doch nicht ganz so
sicher bist.

Natürlich passiert dieses Zögern jedem ab und zu, das ist nur zu menschlich, doch versuche, es größtenteils zu vermeiden.

Eine gute Möglichkeit, um dieses beschriebene Zögern verhindern zu können?

In einer Diskussion, in welcher du hauptsächlich kritisiert wirst, spricht vor allem dein Gegenüber.

Versuche also nicht, dazwischen zu reden oder hastig einige Sätze herauszubekommen.

Antworte in kurzen Sätzen. Kurze und simple, aber aussagekräftige Sätze sind viel mehr wert und sinnvoller als fünf Sätze ohne Inhalt.

Bleibe außerdem immer ruhig und gelassen, stelle deinen Gesprächspartner nicht auf eine höhere Stufe als dich selbst.

Du weißt, was du willst, du hast nichts zu befürchten.

Schau ihm während des Gespräches in die Augen und wirke nicht gestresst.

Glaub mir, deine Mitmenschen werden dir in kürzester Zeit mehr Respekt zollen, vorausgesetzt du setzt meine Ratschläge um.

Wie du sehen kannst, gibt es einige eiserne Regeln, wie man den Respekt von Menschen gewinnen kann. Setze diese um und dein Selbstbewusstsein wird automatisch in die Höhe schießen und du wirst viel mehr Selbstvertrauen haben!

Körpersprache richtig einsetzen

Im letzten Kapitel ging es darum, wie du den Respekt deiner Mitmenschen für dich gewinnst und seriös auf sie wirkst.
In einigen der Ratschläge dieses letzten Kapitels konntest du womöglich schon herauslesen, wie wichtig die Körpersprache ist, um einen selbstbewussten und respektablen Eindruck zu hinterlassen.

Ein paar Tricks habe ich dir bereits mit auf den Weg gegeben.
Jetzt gilt es, dieses Thema weiter auszuführen, um dir auch wirklich alles mit an die Hand zu geben, um das Selbstbewusstsein aufzubauen oder zu stärken.

Selbstbewusstsein entsteht nicht von allein, vor allem wenn zuvor eher das Gegenteil, also ein vermindertes Selbstwertgefühl, der Fall war.

Du kannst so viele Bücher und Artikel lesen, wie du willst, doch letztendlich helfen dir nur deine eigenen Erlebnisse und Erfahrungen.
Sieh das ruhig als Aufforderung. Auch Gespräche mit verschiedenen Leuten gehören zu diesen Erlebnissen.

Du wirst sehen wie dein Selbstbewusstsein steigen wird, wenn du diese Tipps in die Praxis umsetzen wirst.
Ich erkläre dir das, damit du nicht denkst, ich rede nur um den heißen Brei herum.
Manchmal sind einige Metaphern, Vergleiche oder Beispiele nötig, um den Nagel auf den Kopf zu treffen.

Doch nun wieder zurück zum Thema.
Wieso ist die Körpersprache so wichtig, wenn es um das Selbstbewusstsein einer Person geht?

Stell dir doch mal einen Mitarbeiter vor, der ständig schüchtern auf den Boden schaut, die Hände in den Hosentaschen hat und gekrümmt in der Ecke steht.
Dann kommt er zu dir und will dir sagen, was du falsch gemacht hast oder was du zu tun hast.

Mit welcher Wahrscheinlichkeit wirst du diesen Mitarbeiter ernst nehmen können?
Vermutlich weniger, als jemanden, der das genaue Gegenteil von diesem Mitarbeiter ist.
Und genau dieses Gegenteil gilt es für uns zu werden.

Aber wie stelle ich das an? Ich bin doch auch ein schüchterner Typ?
Ich kann mich doch nicht einfach verstellen?
Doch, das kannst und solltest du.
Und mit verstellen meine ich nicht, dass du deine Persönlichkeit ändern sollst, du sollst einfach damit aufhören, dir alles gefallen zu lassen und damit anfangen, dir selbst ein besseres Bild zuzugestehen, als du es wahrscheinlich bisher tust.

Auf was musst du also achten, um als selbstbewusste Person rüberzukommen?
Wie du meiner Beschreibung des schüchternen Mitarbeiters entnehmen konntest, solltest du es stets vermeiden, auf den Boden zu schauen.
Sei es bei einem Gespräch oder einfach auf dem Weg zum Drucker, den Blickkontakt mit dem Boden zu suchen sieht nicht gerade nach Selbstbewusstsein aus.

Halte stets dein Kinn oben.
Bitte nicht übermäßig hoch, du möchtest schließlich
nicht wie ein arroganter Schnösel wirken.
Ich hoffe, du verstehst meinen Punkt:
Ein aufrechter Blick strahlt ein starkes und stabiles
Selbstwertgefühl aus, wobei der Blick auf den Boden
im Gegenzug ein Gefühl von Schwäche und
Unsicherheit ausdrückt.

Du solltest dir wirklich klar machen, wie wichtig
Körpersprache für dich, aber vor allem als Wirkung
auf deine Mitmenschen ist.

Der zweite Punkt ist eine gerade und aufrechte
Körperhaltung.
Wenn du nun bereits deinen Kopf aufrecht hältst und
Augenkontakt hältst, passt es nicht mehr zu dir,
eingeknickt und mit einem Buckel durch die Gegend
zu spazieren.

Nur ein aufrechter Blick macht nicht allein dein
gesamtes Auftreten aus.
Einen Menschen der eingeknickt und mit einem
eingezogenen Kopf herumläuft wird man vermutlich
genau so wenig Aufmerksamkeit schenken und ihm

genau so wenig Beachtung geben, wie dem
schüchternen Mitarbeiter vom Anfang.

Also Brust raus, Rücken gerade und einen aufrechten
Blick beibehalten, sowohl während des Gespräches als
auch während eines ganz gewöhnlichen Spaziergangs.

Ein weiterer Punkt, den du beachten solltest, sind
deine Hände.
Bei deinen Händen gibt es gleich zwei wichtige Dinge
zu beachten:
Und zwar solltest du niemals mit deinen Händen in
der Hosentasche herumlaufen!
Dieses Verhalten strahlt Unsicherheit und
Schüchternheit aus, was du überhaupt nicht
gebrauchen kannst. Du möchtest doch dein
Selbstbewusstsein aufbauen!

Wenn du deine Hände ständig in deiner Hosentasche
lagerst, verkrümmt sich damit außerdem automatisch
deine Körperhaltung.
Das bedeutet auch, diese zwei Aspekte spielen hier
wieder zusammen und warten darauf, dass sie
zusammen verwendet werden.

Das ganze Thema der Körpersprache baut aufeinander auf.

Ein aufrechter Blick funktioniert nicht ohne eine gerade Haltung und diese funktioniert wiederum nicht mit den Händen in der Hosentasche.

Doch was hat es noch mit dem Verhalten der Hände auf sich?

Ein weiteres wichtiges Erscheinungsbild eines selbstbewussten Auftretens ist das Gestikulieren.

Stell dir vor, du redest mit einer Person, deren Arme und Hände während der gesamten Zeit leblos herunterhängen. Das vermittelt wohl eher nicht den Eindruck einer überzeugenden, selbstbewussten und respektablen Person.

Anstatt deine Arme und Hände also überhaupt nicht zu bewegen, solltest du beginnen zu gestikulieren.

Nutze deine Hände, um deinen Worten Kraft zu verleihen. Achte außerdem darauf, dass deine Handflächen während des Gestikulierens zur meisten Zeit nach oben schauen.

Das vermittelt deinem Gegenüber ein vertrauliches und entspanntes Gefühl.

Du siehst also, wie wichtig die Körpersprache für dich
sein kann.

Jetzt gilt es für dich, die Körpersprache einen Teil von
dir werden zu lassen.
Du kannst die verschiedenen Punkte gerne vor dem
Spiegel oder mit einem Freund/Freundin üben.
Umso öfter du diese Punkte übst, umso schneller wirst
du sie verinnerlichen und damit auch Erfolge erzielen.

Selbstbewusstsein oder Ego

Nachdem wir im ersten Kapitel geklärt haben, was
eigentlich Selbstbewusstsein ist und wie sich dieses
Wort zusammensetzen und definieren lässt, gilt es
jetzt, das gleiche für das Ego zu tun.

Was ist eigentlich das Ego? Und wie hängt es mit dem
Selbstbewusstsein zusammen?
Mit großer Wahrscheinlichkeit hast du bereits etwas
über das „Ego" gehört und ziemlich sicher hing es
während dieser Erwähnung stets mit dem
Selbstbewusstsein zusammen.

Das selbstverständlich nicht ohne Grund.

Im Grunde kannst du dir „Selbstbewusstsein und Ego" wie „Gut oder Böse" vorstellen.
Das ist jedenfalls die allgemeine Meinung. Doch wieso ist das so?
Um ein Verständnis über diesen Vergleich zu bekommen und ihn zu beurteilen, müssen wir vorerst definieren, was das Ego überhaupt ist.

Das Wort „Ego" kann mit dem Wort „Selbstbild" gleichgesetzt werden.
Selbstbild bedeutet also: Das Bild, welches du von dir selbst hast.
Du kannst gerne einmal darüber nachdenken.
Wer bist du eigentlich? Und vor allem, was macht dich zu der Person, die du bist? Wie ist diese entstanden?

Überlege dir die Antworten zu diesen Fragen und behalte sie im Hinterkopf, sie werden noch eine wichtige Rolle in diesem Kapitel spielen.

Du hast also, wie jede andere Person auf der Welt, ein Bild von dir selbst.

Wie solltest du dich sonst auch selbst erkennen und
verstehen?
Du weißt also, wer du bist, du hast dein Selbstbild
erkannt.
Dein Job, deine Hobbys, deine Leidenschaften, dein
Name und deine Gedanken stammen alle von dir.

Du bist der Architekt deines Lebens und hast dir somit
dein Selbstbild selbst kreiert. Auf den ersten Blick
scheint das jedenfalls so, doch wenn man etwas tiefer
gräbt, erkennt man, dass dein komplettes Ego oder
Selbstbild reine Illusion ist.
Und zwar aus diesem Grund:
All die Aspekte, die dein Selbstbild definieren
stammen nicht von dir selbst.
Du hast weder deinen Namen gewählt, noch deinen
Job erschaffen und auch die restlichen Aspekte
stammen im Grund nicht von dir.

All diese Dinge sind Eindrücke und Eingaben unserer
äußerlichen Umgebung.
Wir denken wie die Menschen um uns herum, wir
verhalten uns wie sie und wir mögen, was sie mögen.
Andersherum gilt natürlich dasselbe.

Unser Unterbewusstsein nimmt all diese
Informationen auf.
Es programmiert uns demnach regelrecht, zu einer
bestimmten Person zu werden.
Es beginnt unter anderem mit unserem Namen. Seit
unserer Geburt oder kurz danach, haben wir einen
Namen.
Seitdem wir uns erinnern können wissen wir, wie wir
heißen.
Wir verbinden uns mit diesem Namen, wir sind dieser
Name, doch im Wesentlichen ist das völlig falsch und
reine Illusion, denn dieser Name stammt nicht von
uns.

Er sagt nichts über unsere wahre Natur aus, viel mehr
haben wir diesen Namen zu unserer wahren Natur
gemacht.
Nach der Namensvergabe geht es meist direkt weiter.
Von unserer Umwelt, meist von Eltern, Verwandten
oder Autoritätspersonen werden wir einer bestimmten
fachlichen Kategorie zugeordnet.

Wenn zum Beispiel einem Kind seit dem Anfang
seiner Erinnerung eingetrichtert wird, dass es ein
brillanter Techniker sei, von Kunst und Kreativität

jedoch besser die Finger lassen sollte, wird es niemals auf den Gedanken kommen, eine berufliche Zukunft in einem kreativen Bereich einzuschlagen.
Mit großer Wahrscheinlichkeit wird das Kind in einem technischen Bereich landen, ob Studium oder Ausbildung spielt hier keine Rolle.

Denn es geht um die wahre Selbsterkennung und das wahre Selbstbild.
Dieses entsteht, wenn es überhaupt entsteht, mit der Erfahrung.
Unzählige Menschen auf dieser Welt haben oder werden wohl niemals ihr eigenes, wahres Selbstbild finden.
Sie sind dermaßen auf eine Sache oder einen Bereich programmiert, dass sie selbst komplett überzeugt sind, dass Sie für genau diesen Bereich geschaffen sind.
In Wahrheit macht es Ihnen überhaupt keinen Spaß, doch sie sind überzeugt, dass sie nichts anderes können.

Die Personen, die ihr wahres Selbstbild eines Tages erkennen, erkennen dies meist durch Erfahrungen.
Es kann durch schmerzhafte Erlebnisse geschehen, wie das Nicht-Bestehen des Studiums oder dem

Verlust der Arbeit.
Wenn dieser Verlust oder das Nicht-Bestehen
aufgrund fachlicher Mängel oder fehlendem Wissen
beruht, ist dies meist ein guter Ansatz für einen
Sinneswandel und somit der Selbsterkenntnis.

Auch psychische Probleme und Krankheiten, wie
Depressionen oder Angststörungen, sind oft dem Ego
zuzuschreiben. Auch hier geht es wieder um eine
jahrelange Konditionierung der äußerlichen Einflüsse.

Oft beginnt es in der Schule oder dem Elternhaus.
Wenn einem kleinen Kind regelmäßig eingetrichtert
wird, dass es schüchtern ist, wird es das glauben. Auch
wenn diese Aussage überhaupt keinem
Hintergrundwissen oder Fakt geschuldet ist - das Kind
wird nicht einmal daran denken, selbstbewusst zu
sein.

Mit Aussagen wie diesen legt man oft den Grundstein
für mentale und psychische Schwierigkeiten und
Krankheiten im späteren Alter der Kinder.
Bitte überlegen Sie also gut, wie Sie Ihre Kinder
großziehen. Natürlich kann das Kind im
Erwachsenenalter dennoch sein Selbstbewusstsein

aufbauen oder, wenn man so will, zurückgewinnen. Doch das ist ein extrem mühsamer Weg, im Gegensatz zu passenden Worten im Kindesalter.

Anstatt einem Kind also von Beginn an gesagt zu haben, dass es selbstbewusst, stark und mutig ist, wird es nun viele ungemütliche und strapazierende Erfahrung machen müssen, um herauszufinden, dass es mehr ist, als nur das schüchterne, zurückhaltende Kind.

Was genau ist aber jetzt das Ego?
Es lässt sich relativ einfach zusammenfassen: das Ego spiegelt nicht dich, sondern die Einflüsse deines Umfeldes auf dich wider.
Es lässt sich vielleicht auf den ersten Blick mit dem Selbstbewusstsein vergleichen, doch wenn man die Gründe für die Ausprägung von Ego und Selbstbewusstsein betrachtet, kommt man zu einer anderen Meinung.

Das Selbstbewusstsein resultiert aus einer Anzahl von nachgewiesenen Erfahrungen, Eigenschaften oder Fähigkeiten.

Das Ego resultiert im Gegensatz zum Selbstbewusstsein aus eingebildeten Eigenschaften, Fähigkeiten oder oft auch aus materiellen Werten wie einem teuren Auto, einem großen Haus oder einer besonderen Uhr.

Du siehst also:
Ein gesundes Selbstbewusstsein überragt das Ego bei weitem und zwar aus dem Grund, dass ein gesundes Selbstvertrauen unzerstörbar ist.
Das liegt daran, dass es aus nachweisbaren Fähigkeiten, Erfahrungen und Eigenschaften resultiert, die keiner rückgängig machen oder zerstören kann.

Das Ego wiederum besteht aus eingebildeten Tatsachen, die schnell mit der Realität kollidieren können und dadurch zerstört werden.
Allerdings kann das Ego auch positive Seiten haben, wenn du es richtig einsetzt. Wenn du anfangs über wenig bis gar kein Selbstbewusstsein verfügst, kann das Ego oft einen entscheidenden Startschuss geben, um endlich anzufangen an deinem Selbstbewusstsein zu arbeiten.

Doch wie verwendest du das Ego am besten, um es dir zu Nutzen zu machen?

Es gibt einige gute Methoden und Techniken, die Wissenschaftler und Psychologen über viele Jahrzehnte erforscht haben.

Diese sind gerade für Anfänger sehr nützlich und leicht anzuwenden, allerdings werde ich diese hier nicht weiter ausführen, da diese Methoden so effizient und nützlich sind, dass ich diese in einem separaten Kapitel besprechen werde.

Du findest diese im nächsten Kapitel.

Da ich dir nun den Rat gegeben habe, das Ego also Starthilfe für den Aufbau deines Selbstbewusstseins zu verwenden, bekommst du hier direkt noch einen Rat von mir:

Du musst wissen, wann es mit dem Ego reicht, denn dein Ego kann dir zu Kopf steigen, schneller als du vielleicht denken magst.

Du wärst nicht der erste und nicht der letzte, dem dieses Phänomen passieren würde.

Es gibt unzählige Fälle, vor allem von Prominenten oder reichen Menschen, die diesem Ego-Trip zum Opfer gefallen sind.

Sie sind bankrott gegangen, haben wichtige Partner
verloren oder mussten Ihre Karriere beenden.

Was ich damit sagen möchte:
Wenn du dir ein gesundes Selbstvertrauen aufgebaut
hast, dann verzichte auf dein übersteigertes Ego.
Ich verspreche dir, dieses gesunde Selbstvertrauen ist
deutlich besser und wertvoller, als jedes Ego der Welt.

Kein Ego kann dir die gleichen Effekte bieten:
Wahre Stärke und Überzeugung seiner Selbst.
Sieh dieses Kapitel also bitte als Erklärung und nicht
als Anleitung.

Selbstbewusstsein trainieren

Ich höre ständig diese Frage:
„Kann man Selbstbewusstsein überhaupt trainieren?".

Vor allem von Anfängern und jungen Menschen höre
ich diese Art von Frage oft und das natürlich zurecht.
Woher soll man auch wissen, ob es funktionieren
kann, ob es überhaupt lernbar ist und ob es sich dann
auch wirklich lohnt?

Um ehrlich zu sein, die beste und effektivste Art des Erlernen und Trainieren von Selbstbewusstsein ist und bleibt die persönliche Erfahrung. Wie bereits in einem vorherigen Kapitel gesagt:
Du kannst so viel lesen und lernen wie du möchtest, doch das hilft alles nichts wenn du nicht raus gehst und selbst etwas machst.

Dieses Prinzip trifft nicht nur auf das Trainieren des Selbstwertgefühles zu, sondern auch auf viele andere alltäglichen Dinge.
Betrachten wir als Beispiel ein neues Hobby wie z.B. eine neue Sportart oder das Gitarre spielen lernen.
Was bei dem Lernen einer neuen Sache wohl am meisten Spaß macht, sind die Erfolge der Fortgeschrittenen und Profis zu betrachten und sich auszumalen, selbst so zu sein wie diese.

Klar, diese Tagträumereien sind absolut nicht verwerflich und können uns stets eine unmittelbare Motivationsquelle bieten, auf welche wir jederzeit zugreifen können wenn wir diese benötigen, doch diese Motivation ist nun mal nicht alles.
Denn wir dürfen nicht nur denken, wir müssen vor allem machen, also tun!

Oft fällt uns im Nachhinein auf, dass dieses ganze Denken sowieso unnötig war.

In der Praxis haben wir mehr gelernt als wir in 10 Jahren in Büchern lesen könnten und das liegt ganz einfach daran, dass wir uns genau mit dem Thema beschäftigen, auf welches wir auch hinarbeiten.

Wir erleben den Prozess hautnah, sehen erste Erfolge und erste Fehlversuche.

Sicher werden diese Erfolge und Fehler nicht die letzten bleiben, sicher wissen wir noch nicht alles über unser Hobby, doch wir sind denjenigen, die ihr Wissen nur aus Büchern und Artikeln konsumieren, bereits meilenweit voraus.

Als Beispiel eignet sich ein Bewerbungsgespräch.

Es kommen ein frischgebackener Student aus seinem Master-Studium und ein freiberuflicher Webdesigner, welcher bereits seit 5 Jahren erfolgreich Webseiten für eine hohe Anzahl von Kunden erstellt, jedoch keinen Abschluss besitzt.

Die zwei Bewerber sind gleich alt.

Beide bewerben sich auf die Stelle als Webdesigner in einem großen Unternehmen.

Wem würdest du die Stelle geben?

Dem Studenten, welcher eine lange Zeit studiert hat, aber keine Ahnung und Erfahrung von der Arbeit mit Kunden und praktischen Inhalten hat?

Oder dem Freiberufler, welcher die letzten fünf Jahre erfolgreich mit zufriedenen Kunden zusammengearbeitet hat und weiß, wie er mit Kunden umgeht und ihnen ein zufriedenes Endprodukt liefert?

Ich denke diese Frage muss ich nicht zweimal stellen. Klar, der Freiberufler besitzt keinen Abschluss, doch seine Leistungen scheinen auch ohne diesen großartig zu funktionieren.

Warum sollte der Arbeitgeber also seine Zeit und sein Geld verschwenden, um einen Theoretiker in einen praktischen Bereich einzulernen, wenn er bereits einen Praktiker vor sich sitzen hat?

Ich hoffe, dieses Beispiel konnte dir in etwa erklären, was ich dir zu sagen versuche.

Höre auf, nur theoretisch zu denken und fang einfach an. Geh raus auf die Straße und fang an.

Das ist die beste und einzig wirksame Art, dein Selbstbewusstsein aufzubauen und dein Selbstvertrauen zu steigern.

Was du allerdings theoretisch machen kannst, sind einige effektive Übungen, die deine Psyche schon zuhause stärken werden, das kann dir einen immensen Vorteil verschaffen, wenn du so schnell wie möglich dein Selbstbewusstsein stärken möchtest.

Methoden, um das Selbstbewusstsein zu trainieren

Wie ich im letzten Kapitel angesprochen habe, möchte ich dir hier zwei interessante Methoden mit an die Hand geben, um deinen Erfolg zu maximieren und zu verbessern.

Obwohl die Erfahrung des Individuums letztendlich die effizienteste Lösung bietet, können dir auch diese Methoden wichtige Ansätze bieten.
Lass uns doch direkt starten.

Das „Law of Attraction"
Viele erfolgreiche Menschen wie Sportler oder Unternehmer geben offen zu, dieses Prinzip verinnerlicht und angewandt zu haben.

Auf Deutsch bedeutet das Law of Attraction **<u>„Das</u>
<u>Gesetz der Anziehung"</u>**.
Vielleicht kannst du dir jetzt schon etwas darunter
vorstellen, vielleicht klingt dieser Begriff immer noch
fremd für dich.

Lass mich dir helfen. Ich denke ein Zitat von John
Assaraf bringt das Prinzip mit nur einem Satz auf den
Punkt: „Du wirst das, an was du am meisten denkst."
Das bedeutet also, dass deine Gedanken für deine
Zukunft und für deine Gegenwart verantwortlich sind.

Du kannst deine Zukunft sozusagen im größten Sinne
selbst bestimmen, denn wenn du täglich schlechte und
negative Gedanken mit dir herumträgst wird es dir
schwerfallen, fröhlich und somit offen und
aufgeschlossen gegenüber Neuem zu sein.

Denkst du allerdings durchgehend an positive,
aufbauende Dinge, wirst du mit einer besseren
Grundstimmung und einer besseren Einstellung durch
das Leben gehen.
Es liegt ganz an dir.

Vielleicht hältst du das jetzt für absoluten Nonsens, doch versuche es am besten selbst, du wirst merken, wie sich dein Leben nach einer kurzen Zeit um 180 Grad drehen kann, das garantiere ich dir.

Du musst dieses Prinzip verstehen und vor allem auch anwenden.

Verbanne also die Gedanken in deinem Kopf, die dir sagen, du bist schüchtern, du kannst das nicht oder die anderen sind besser als du.

Kreiere anstatt dessen deine eigenen Gedanken.

Gedanken die nicht von deinem Ego geschaffen wurden.

Gedanken, die dir sagen du kannst das, du bist der beste oder du hast das drauf!

Wenn du es schaffst, deine Gedanken auf diese Weise umzustellen, wirst du sehen, wie sich deine Grundeinstellung, und somit auch dein Selbstbewusstsein, rapide verbessern werden.

<u>Die Autosuggestion</u>

Ähnlich dem Law of Attraction ist die Autosuggestion. Doch die Autosuggestion ist deutlich spezifischer und lässt sich in der Praxis leichter anwenden.

Die Autosuggestion spricht, wie das Gesetz der Anziehung, von einer Vision.
Einer visuellen Vorstellung vor deinem inneren Auge.
Das bedeutet:
Stelle dir dein Ziel genau vor, empfinde dieses Gefühl und lass es beinahe echt erscheinen. Du wirst vermutlich einen Motivationsschub bekommen, wenn du diese Vision vor deinem inneren Auge siehst, und das ist auch gut so.

Außer der genauen Visualisierung des eigenen Zieles gibt es einen weiteren Weg, das Prinzip der Anziehung anzuwenden und hier kommt die Autosuggestion ins Spiel.
Erfunden wurde diese von einem französischen Apotheker, welcher eines Tages bemerkte, dass seine Patienten sich schneller besser fühlten, wenn der Apotheker ihnen das Medikament mit positiven Worten überreichte.

Eine typische Phrase dieses Apothekers war:
„Du fühlst dich mit jedem Tag besser und besser."
Nachdem diese aufbauenden Worte bei seinen Kunden so positiven Anklang fanden, wollte der Apotheker diesen Weg der Heilung für mehrere Leute

zugänglich machen und zwar mithilfe einer Selbstheilungsmethode - der Autosuggestion.

Die Autosuggestion spricht im Groben vom regelmäßigen Aufsagen bestimmter Sprüche oder Phrasen - Affirmationen – um das Unterbewusstsein so zu programmieren, dass es diese Affirmationen früher oder später verinnerlicht.

In der täglichen Praxis würde es beispielweise so aussehen:
3-Mal täglich sollte eine bestimmte Affirmation aufgesagt werden, jeweils 20-mal. Du kannst dir beispielsweise früh, mittags und abends diese Affirmationen einsagen.

Hierbei kannst du vorgefertigte Phrasen wie:
„Ich werde täglich besser und besser. Ich werde täglich selbstbewusster und durchsetzungsfähiger. Ich werden täglich motivierter und aktiver. Ich bin täglich überzeugter und begeisterter von meinen Fähigkeiten." nützen.

Diese Sätze sagst du nun zum Beispiel 3-mal am Tag auf.

Hierbei entspannst du dich einfach, versuchst deinen Kopf frei zu bekommen und wiederholst die Sätze mit einer leisen und angenehmen Stimme oder in Gedanken.
Wichtig ist hier die konsequente Wiederholung.

Da es das Ziel ist, unser Unterbewusstsein zu programmieren, muss diese Übung täglich gemacht werden, ohne Ausnahme.
Du wirst merken, dass die ersten Erfolge nicht lange auf sich warten lassen und spürst du diese einmal, wirst du überhaupt nicht mehr mit diesen Übungen aufhören wollen.
Selbstverständlich kannst du auch deine eigenen Affirmationen nutzen, welche deinen persönlichen Lebensbereich betreffen.

Ich habe dir hier zwei essenzielle Übungen mit an die Hand gegeben, diese klingen nicht nur theoretisch gut, sondern versprechen nachweislich eine positive Wirkung.
Vor allem für Menschen, die ihr Selbstbewusstsein / ihr Selbstvertrauen aufbauen möchten, sind diese Übungen unumgänglich.

Viele Athleten und Stars haben sich mit diesen Übungen ihr Selbstvertrauen aufgebaut und sind heute extrem erfolgreich.
Hättest du zum Beispiel gedacht, dass Schwergewichtsweltmeister Mike Tyson früher ein sehr unsicheres und schüchternes Kind war?
Höchstwahrscheinlich hast du das von einem Typen wie Mike Tyson nicht erwartet.
Auch er war als Kind ratlos und wusste nicht wie er selbstbewusst werden konnte.
Abhilfe schaffte ihm sein Trainer, Cus D'Amato.

Er war derjenige, welcher Tyson mit der Autosuggestion in Verbindung brachte.
Wie die Geschichte zeigt, hat es gewirkt, denn ohne ein starkes Selbstvertrauen wird man mit Sicherheit kein Boxweltmeister.

Schlusswort

Selbstvertrauen kann manchmal ein schwieriges
Thema sein.
Manche haben es, manche haben es nicht.
Keiner weiß so wirklich, was Selbstvertrauen
eigentlich ist und trotzdem spricht jeder davon.

In unserer heutigen, kapitalistischen Gesellschaft ist
es schlichtweg unumgänglich, sich mit diesem Thema
vertraut zu machen, denn wer Geld verdienen möchte,
muss sich seinen Ängsten stellen.

Durch diverse Ängste setzen wir uns unechte Grenzen
in unserem Kopf, die uns letztendlich vom Erreichen
unserer Ziele abhalten.
Um diese Grenzen jedoch umgehen zu können,
benötigt es Selbstbewusstsein, und damit meine ich
keine motivierenden Sprüche, sondern wahres,
unzerstörbares Selbstbewusstsein.

Ich hoffe, ich konnte dir mit diesem Buch einen
kleinen Einblick und eine große Motivation mitgeben.
Ohne Selbstbewusstsein ist unser Leben nicht
lebenswert, das sage ich aus purer Überzeugung.
Ich selbst hatte früher ein sehr schwaches

Selbstwertgefühl und habe mich quasi vor allem und jedem geschämt.
Ich wusste weder, wer ich bin, noch dass ich Fähigkeiten habe, auf die ich stolz sein kann.

Heute kann ich zufrieden sagen, dass ich mir durch viele Erfahrungen und Erlebnisse ein stabiles Selbstbewusstsein aufgebaut habe.
Ich habe damals kein Buch gelesen, da ich nicht wirklich wusste, was mich eigentlich zu dem macht, was ich bin und wie ich mich fühle.
Ich wünschte, ich hätte damals so etwas wie dieses Buch gehabt.

Ich versuche, dir in diesem Buch das Selbstbewusstsein näher zu bringen, angefangen bei der Definition, bis zu verschiedenen Hintergründen eines starken und schwachen Selbstbewusstseins und wichtigen Methoden zur praktischen Anwendung.
Lese dir verschiedene Kapitel ruhig etwas öfter durch und vergiss nicht, dich weiter zu informieren.

Verschiedene Themen habe ich in diesem Buch nur kurz angeschnitten, einfach aus dem Grund, dass diese viel zu komplex und vielseitig sind, um sie in nur einem Kapitel komplett zu erklären.

So mein Freund/meine Freundin, das wars!
Du bist am Ende und gleichzeitig am Anfang
angekommen.
Ich wünsche dir das Allerbeste für deine Zukunft und
hoffe, dass du meine Ratschläge annehmen und
umsetzen wirst.

Glaub mir, meine Tipps sind nicht nur aus der
Theorie, sondern aus dem wahren Leben.
Wenn du das nächste Mal Probleme mit dir selbst,
anderen Personen oder deinem Selbstwertgefühl hast,
tu mir einen Gefallen und denke an dieses Buch.
Ich hoffe, es hilft dir weiter zu machen.
Und jetzt, los geht's! Ich glaube an dich!

Dein
Martin Bruggler

PS: Wenn Du zufrieden bist mit diesem Buch würde ich mich
über eine positive Rezension sehr freuen!
Danke!

IMPRESSUM

Haftungsausschluss:

Die Inhalte dieser Publikation wurden sorgfältig recherchiert und sind zum Zeitpunkt der Buchveröffentlichung aktuell.

Fehler sind jedoch nicht auszuschließen und es wird daher keine Haftung für Aktualität, Korrektheit und Vollständigkeit übernommen..

Autor und Verleger übernehmen keinerlei Verantwortung oder Haftung (Gewährleistung) für Schäden, die durch eventuell verbliebene Fehler sowie Nutzung der im Buch angeführten Vorgehensweisen entstehen.

Trotz sorgfältiger Prüfung können wir keine Haftung für die Inhalte externer Links übernehmen.

Für den Inhalt dieser Seiten sind ausschließlich deren Betreiber/Ersteller verantwortlich.